Christl Vogl

Gedichte

Christl Vogl's

Traum Gedanken

Gedichte

KELEBEK VERLAG

Impressum

© 2020 Text, Illustrationen und Coverbild Christl Vogl

Lektorat: Kathrin Andreas
Kelebek Verlag Inh. Maria Schenk Franzensbaderstr. 6
86529 Schrobenhausen   www.kelebek-verlag.de
ISBN 978-3-947083-350
Druck und Vertrieb BoD
Bibliografische Information der Deutschen Nationalbibliothek
Die Deutsche Nationalbibliothek verzeichnet diese Publikation in der Deutschen National-
bibliografie; detaillierte bibliografische Daten sind im Internet über http://dnb.d-nb.de abrufbar.

Da wehte über mir das Blätterdach der Linde und lispelte: „Ich schenk dir meine Traumgedanken, denn ich träume schon so lange. Lausche in die Stille, dann wirst du alles hören."

Und ich lauschte in die Stille und hörte:

Die zeitlose Zeit, die sich im Raum der Gezeiten verirrte. Die Vergessenheit, die heimlich seufzte, während sie Vergissmeinnicht pflückte. Die irren Lichter, die die Albträume schrieben und im Dämmerlicht wieder zerrissen. Das Heimweh und die Sehnsucht nach der irdischen und himmlischen Schönheit. Die Freude der Schatten, wenn das Licht sie küsste und von der blinden Kälte erlöste. Die Angst und die Schwermut, die die Soldaten umlauerten. Und die Tränen der Kinder, die viel zu lange dauerten. Die Vergänglichkeit, die das Vergangene entfärbte, bis es im Nebel versank. Die Freude, die mit zarter Hand die Blüte streichelte und voller Glück den gaukelnden Schmetterling begleitete.

Ich lauschte und schrieb sie auf, meine Traumgedanken.

Träumende Gedanken

Sanft schwingen die Töne dahin,
die Klänge zittern in der Luft.
Ein heller Sommermantel bringt
einen Hauch von Wasserduft.

Es schmeichelt nach weichem Regen,
der Wind atmet und trinkt
das gesegnete, reiche Leben.
Ein Regenbogen im Dämmer versinkt.

Dunkler Zauber in den Zweigen,
der Abend träumt ohne Zeit.
So tief das kühle Schweigen,
die Schönheit der Welt ist weit.

Was ist das?

Tiefer Wald im tiefen Gras,
dunkle Flecken in der Ferne.
Das Licht zerbricht wie dünnes Glas,
erlischt in sanfter, weicher Wärme.

Da öffnen sich leise samtene Augen
irgendwo in dunkler Nacht.
Zweige knacken und sich beugen,
da springt`s hervor und lacht.

Gleich schwirrt mit zarten Flügeln
ein schwärmender Falter Gestalt.
Tanzt auf des Mondes Wasserspiegeln,
verschwindet, zick zack, im finsteren Wald.

Der neue Tag

Nebelschleier haucht im Schimmer,
verbirgt das fahle Morgenlicht.
Tau benetzt im Regenbogenflimmer,
milder Sternenglanz zerbricht.

Glitzert nun die Spinnenseide,
erwacht in Schönheit weit das Land.
Verwöhnt die lilablühende Heide
mit sonndurchflutetem Goldgewand.

Da schmückt so rein und frisch
mit Unschuld die junge Zeit
den neuen Tag, den reichen Tisch –
unendlich schön, unendlich weit.

Schattenspiel

Es leuchtet. Doch die Schatten,
in dunklen Höhen schroff gefallen,
verbreiten sich auf Gräsermatten,
im dunst'gen Schleier sanft entfallen.

Der Wind streift nur leicht
die leisen Stimmen der Gezeiten.
Flatterhaft das Echo reicht
über grenzenlose Weiten.

Der Himmel trägt nun schwer
dieses verknüpfte Wolkengrau.
Doch da hüpfen Schäfchen her
und springen übers Himmelsblau.

Nun erstrahlen im Schattenkühlen
Kostbarkeiten bunt im Grün.
Wurzelflechten im Moose wühlen,
die im dunklen Wald erblüh'n.

Weit die Gräserfluten wiegen,
im farbigen Spiel zart geflügelt.
Bis dass sie in dem Nebel liegen
und die Nacht die Welt versiegelt.

Sommerfäden

Freundlich schmiegt die Sommerruh
sich entlang dem Wiesenhange
dort dem fernen Himmel zu
Sommerfäden, leichte, lange.

Leichte Winde selig schweben
über sanften Sonnenglanz.
Und die Sommerfäden weben
den allerschönsten Blumenkranz.

Alles grünt im reifen Leben.
Der Himmel lässt die Flügel sinken,
gibt reichlich seinen Segen
und die Sommerfäden winken.

Doch der Herbst spinnt leis und lose
seine Fäden übers Land.
Dann küsst er seine Herbstzeitlose
und flicht schnell ein buntes Band.

Irrlichter

Bis zum stillen Hain
unaufhaltsam flieh'n
aus dem Silberschein
tausend irre Lichter.

Wald und Wiesen sich verdüstern,
märchenhaft, geheimnisvoll.
Und es raunt und es flüstert,
dass ich hier verweilen soll –
bei den irren Lichtern.

Und ich bleib im tiefen Moose,
wo die Silbernebel weiden.
Hier blüht keine hoffnungslose
Blume auf den stillen Heiden –
mit den irren Lichtern.

Gefunden

Da öffnen sich so viele Türen,
tret ich hinein ins Märchenland.
Da fasst sie mich, ich kann es spüren,
diese unsichtbare Hand.

Da schlafen Zwerge, Elfen, Feen,
sie sind so schön in ihrer Pracht.
Doch ich, ich will nur weitergeh'n,
will geben, was ich mitgebracht.

„Was ist`s denn, das du mitgebracht?",
fragt mich mein unsichtbarer Begleiter.
„Für wen ist dein Geschenk gedacht?"
Doch ich sag nichts und gehe weiter.

Lang musst ich suchen, bis ich fand,
doch endlich hab ich sie entdeckt.
Ich hab sie gleich, sogleich erkannt
und sanft hab ich sie aufgeweckt.

Märchenaugen seh'n mich an.
Ich frage: „Willst du mit mir zieh'n?
Ich gebe, was ich geben kann,
alle meine Fantasien."

Da springt sie auf, die Märchenfee,
und ruft: „Es ist die höchste Zeit,
dass ich endlich mit dir geh
bis in alle Ewigkeit."

19

Die Königin der Nacht

Leise schwebt die Nacht hernieder
mit ihrer dunklen Sternenpracht.
Singend träumt sie ihre Lieder,
die Königin der Nacht.

Traumhaft träumt sie ihre Träume,
die sie sät auf Erden aus.
Rosen fallen aus dem Saume
wie ein schöner Blütenstrauß.

Da schauen ihre Sternenaugen
mitten in die Erdenseel hinein.
Und tiefer dringt der heil'ge Glauben
in den hellen Mondenschein.

Still schreitet sie dann weiter,
die Schleier weh'n im Silberschein.
Da sprengt der morgenkühne Reiter
durch den sonnbetauten Hain.

Da spannt er seinen Himmelsbogen
und jagt sie fort, die süße Ruh.
Da sinkt sie in den Wellenwogen
und schließt dann ihre Augen zu.

Es war einmal

Es war einmal ein Märchen,
das träumte weit und weiter.
Als ob es keine Grenzen gäbe,
es wurde größer und breiter.

Und wie ein heller Lichterstrahl
strahlte es über die ganze Welt.
Jeder glaubte an das Märchen
und jeder war sein eigener Held.

Doch da zogen dunkle Wolken,
sie waren schwer und so verdorben.
Da klirrten Gold und Silber nur
und das Märchen war gestorben.

Horch, da, ein Kinderlachen,
wo sich alle nur noch streiten.
Und wieder strahlen Kinderaugen
in diesen dunklen, schweren Zeiten.

Und sie lachen immer lauter,
die Kinder in dem Lichterstrahl.
Sie glauben wieder an das Märchen
und den Satz: Es war einmal …

Einsamkeit

Das Schweigen ist so tief,
wildverwachs'ne Fichten.
Der Wind still vorüberläuft,
möcht gern darauf verzichten.

Der Himmel kühl und spät,
vergessen sein warmes Licht.
Und wie ein Schleier weht
der Nebel grau und dicht.

Gebannt in brunnentiefer Ruh,
ungestörte Einsamkeit.
Sanft und leise deckt mich zu,
vergessene, endlose Zeit.

Herbst

Herbstfreude. Im farbigen Spiel
wirbelt`s herum beim Blättertanz.
Für die grauen Wolken wird es zu viel,
es regnet und regnet in perlendem Glanz.

Gesponnene Fäden vernetzt im Strauch,
aufgefädelt vom leuchtenden Tau.
Da steigen die Nebel leicht wie ein Hauch
über Wald, Wiese und Au.

Das farbige Laub schmückt flammend die Welt
noch einmal, ehe diese verbleicht.
Krächzend der Baumstumpf zusammenfällt,
es duftet nach Beeren, vom Herbst gereift.

Gesammelt das Völckchen im Pilzereich,
sie lispeln und flüstern mit Wichteln und Feen.
Da kommen die Märchen alle zugleich,
um die Vielfalt der Pilze zu seh'n.

Goldenes Rot in schimmernder Glut,
leuchtet grün im dunklen Moose.
Da lacht ein Pilz mit rotem Hut
zusammen mit der Herbstzeitlosen.

27

Sommerträume

Auf der hellen Bergeswiese
lauschen alle Blumenseelen
dem Bächlein. Es will gern erzählen
den Traum vom Paradiese.

Da sind, so weit die Blicke gleiten,
die Sommerträume aufgebaut.
Und alle Glockenblumen läuten
zum Sommerfeste hell und laut.

Die Lerche singt und fliegt dahin
auf sonnengold'nen Schwingen.
Und der blaue Himmel scheint
zur Erde herabzusingen.

Doch da schleichen kühle Schauer
und Nebel übers weite Land.
Der Himmel verdunkelt seine Trauer,
die Sonne fällt aus seiner Hand.

Der versunkene Tag

Hohe Felsen trotzig ragten
aus den tiefen Finsternissen.
Als wollten sie die Wolken jagen
und den Himmel aufreißen.

Der Adler streifte durchs Gesteine,
das Echo sang ein verwirrtes Lied.
Der Fels schwieg im Purpurscheine,
als die Sonne sank und schied.

Im Dunklen nun die Felsen schwebten,
nur des Mondes blasse Funken
den Sternenteppich webten.
Wieder war ein Tag versunken.

31

Das Bächlein

Das Bächlein treibt hinunter
der Wellen leichten Tanz.
Und es flicht froh und munter
einen schäumend weißen Kranz.

Das Bächlein voller Wanderslust
zieht weiter, ist nicht aufzuhalten.
Doch mächtig strömen aus seiner Brust
wilde Wogen, die gespalten.

Es stürzt mit Donnerhall
über Felsen und Steine.
Lässt uns dann der Wasserfall
den Regenbogen erscheinen.

Urania die Sternenfee

Dunkle Schleier, schweigende Nacht,
der Mond flicht in den Zweigen Licht.
Da ist Urania, die Sternenfee, aufgewacht
mit Sternenzauber in ihrem Gesicht.

Gleich fällt aus den dunklen Himmelsfalten
Sternengold ins schwarze, lockige Haar.
Träume werden Traumgestalten
und sie strahlen hell und klar.

In die Unendlichkeit streut sie Sterne weit
mit singenden Lippen, mit leichter Hand.
Dann versinkt sie in der Unendlichkeit
und alle Träume knüpfen ein silbernes Band.

Der Mond wird zu schwer, schläft ein
und verbleicht im samtenen Himmelsblau.
Sanft flutet der aufwachende Morgenschein
und spiegelt sich eitel im glitzernden Tau.

Der Drache

Kampf und Frieden, fest verbunden,
steigen aus der Tiefe.
Wenn der Tod mit seinen Wunden
doch für immer schliefe.

Plötzlich wilde, rasche Wogen
aus der Seelen Glut.
Schnaubend kommt er hergezogen,
feuriges Drachenblut.

Abwärts mit starrem Zwang
zieht er dann, zu schauen
mit geheimnisvollem Drang
in sein abgrundtiefes Grauen.

Doch da steigt der Morgenschein,
vertreibt den dunklen Drachenschimmer.
Und es kehrt der Frieden ein,
doch Vertrauen, das kommt nimmer.

Schmetterlinge

Sie streichen zart über viele Blumendüfte,
sommerwarm, bunt, verspielt wie ein Kind.
Schmetterlinge, die Blumen der Lüfte,
flattern traumhaft in dem sanften Wind.

Du beseelte, leuchtende Märchenwelt,
so küsst nur du die wartende Blume.
Weil sie dir, du Luftikus, so gut gefällt,
als wäre sie dein Eigentume.

Ein Windhauch fächert deine Flügel
und lässt dich auf und nieder schweben.
Nun entfalte deine leichten, bunten Segel
und vergaukle nur dein ganzes Leben.

Gewitterluft

Zu träge ist die Luft,
um ein Blatt zu neigen,
zu tragen den Waldesduft.
Auch die Vögel schweigen.

Die Gräser so benommen
im stillen, satten Grün.
Doch bald wird es kommen
und wieder weiterzieh'n.

Dunkel die Wolken jagen,
der Regen niederbricht.
Und die Donner klagen
im hellen Zickzack-Licht.

Das Gewitter schwindet,
ist wieder fortgezogen.
Da spannt sich übers Land
ein junger Regenbogen.

Ausgeborgt

Sehnsüchtig mit leiser Stimme flüstern
die Masken in bewegenden Gewändern.
Die erwachenden Herzen raunen und wispern,
die Gedanken der Zeit werden sich ändern.

Die flüchtigen Jahre, verflogen, vergessen,
Geschichten umhüllen das lachende Weinen.
Die Kindheit, unschuldig, doch kurz nur besessen,
die Fesseln der Nacktheit erlösen nicht einen.

Da flüstert die Angst: „Kommt das Verderben?"
Doch der Himmel ruft irgendwo dort:
„Komm, du wirst unsterblich sterben,
denn hier ist dein Leben nur ausgeborgt."

43

Gedanken

Flüchtige Gedanken und flüchtige Blicke
sind wie ein leichter Wind, können nicht verweh'n.
Denn die Vergessenheit baut wieder eine Brücke
und führt zurück, was einst gescheh'n.

Und der Himmel öffnet seine Pforte,
durchleuchtet das andere Licht.
Dann verändern sich Gedanken in Worte
und es lacht und flüstert: „Ich weiß es nicht."

Schwer wiegen die flüchtigen Gedanken
und verirren sich im Labyrinth der Nacht.
Doch die Freiheiten der Fantasie, die ranken,
denn Gedanken sind frei und haben die Macht.

Ich bin

Ja, ich bin und ich werde,
im drängenden Kind, in wachsender Zeit,
vielleicht ein kleines Licht auf dieser Erde.
Oder ein Träumer in der Einsamkeit?

Immer schöner schwingt die Melodie,
doch den Zauber habe ich selbst beendet.
Denn die Schönheit der Unschuld erreiche ich nie,
ich habe zu viel vom Himmelslicht verschwendet.

Da liegen im Zweifel die dunklen Scherben
von heimlichen Sünden. Verschwunden mein Glaube.
Nun friert mein Herz, will einsam sterben
und versinken für immer im dunklen Staube.

Doch meine Kraft wird vom Licht getränkt
und ich rufe laut auf dieser Erde:
„Meine Seele ist mir wieder neu geschenkt.
Ja, ich bin und werde ein Licht auf dieser Erde."

Verblendet

Voll Vertrauen aufzusteigen, spielend leicht,
schwer beladen mit Gold sind viele Worte.
Denn ein sorgenloses Lächeln erreicht
Wünsche und Träume doch nur am dunklen Orte.

Die Schönheit des Pfaues, den man so liebt,
wenn er seinen bunten Fächer öffnet im Licht.
Dann wird die Wahrheit blind und er schiebt
schnell eine Maske über das strahlende Gesicht.

Verstummt der Argwohn der blauäugigen Frommen,
denn die Lügner heucheln brav und sehr galant.
Auch die letzte Wahrheit wird geraubt, genommen,
und gepriesene Bücher werden schnell verbrannt.

Doch die Lügennetze, mit Gold gefüllt, zerreißen
an dem Widerstand, der das Lügenpack beendet.
Gemäuer verfallen, aber junge Stimmen verheißen:
„Wir lassen uns nie, nein, nie wieder verblenden."

Mondlicht

Hebt sich der Mond aus dem Dunkelblau der Nacht,
sanft flutet sein milchiges Licht.
Und heimlich verstohlen sind die Sterne erwacht,
da erscheint ein Lächeln auf des Mondes Gesicht.

Denn er weiß, die Sterne weben ein silbernes Gewand
für die Fee der Nacht, die Träume umhüllt
mit Sternenstaub und mit zarter Hand
die Schmerzen der heimlichen Sehnsucht stillt.

Und die Träume zeigen den Sternen und dem Mond
das ewige Licht über der schlafenden Welt.
Und auch die Erinnerung, die in der Seele wohnt
und die er in Liebe für jeden zusammenhält.

Krieg

Im guten Lande, wo das Leben lebt,
in jungen Jahren die Kinder lachen.
Wunderbare Welt, die aufwärts strebt,
doch da verwirren sich die Sprachen.

Da flammt es auf und das Unheil bringt
spürbar bedrohlich das Ungewisse.
Da dröhnen die Stiefel und es durchdringt,
die festen Mauern vertonen schon Risse.

Niedergeschossen, gequält der Verstand.
Und aus den tiefen Finsternissen
steigt der Tod, der Untergang.
Ein Licht erwacht und auch das Wissen.

Ein zartes Lächeln in der Freiheit,
Menschen singen Lobgesang.
Der Krieg ist nun Vergangenheit,
doch die Kinder weinten viel zu lang.

Die wahre Liebe

Vom Rand des Himmels schwebt
ein Engel, mit Schönheit bekleidet.
Und mit aller Kraft der Liebe geht
er zu einer Mauer, die die Liebe scheidet.

Zerschunden, zerbrochen, steht sie verloren,
die Mauer. Verschmiertes Blut so rot.
Eine Mutter hat ihr Kind hier geboren,
aber das Kindlein liegt hier still und tot.

Still ist`s, auch die Stille verstummt.
Der Engel lächelt und birgt das Kind
in seinem Arm, so warm in Liebe vermummt.
Hört nur, so schön wie der Schwan wieder singt.

Christl Vogl,

Jahrgang 1941, wurde in Österreich geboren, ging mit 18 als Au-pair in die Niederlande und lebt heute mit ihrem Mann in Schweden. Bereits als Kind zeigte sie sich als unerschöpflicher Quell der Kreativität, der trotz vieler Widrigkeiten nie aufhörte zu sprudeln.

Erst in ihrer zweiten Lebenshälfte konnte Christl Vogl ihre künstlerische Begabung auch beruflich ausleben, seither erfahren ihre bezaubernden Schöpfungen beständig weitere Verbreitung.

Das zeigen ihre vielen liebevoll geschriebenen und gezeichneten Kinderbücher, Karten, Tapeten, Kalender, Figuren usw. Auch den entzückenden Töpfen aus ihrer Töpferei kann fast niemand widerstehen.

In diesem Gedichtbuch offenbart sie ihre Traumgedanken.

Lightning Source UK Ltd.
Milton Keynes UK
UKHW032146090223
416681UK00014B/3181

9 783947 083350